CAMINHO PARA A PROSPERIDADE: DESVENDANDO OS SEGREDOS DA RIQUEZA

CAMINHO PARA A PROSPERIDADE: DESVENDANDO OS SEGREDOS DA RIQUEZA
Subtítulo

Desperte o Gigante Financeiro que Existe em Você

Maxwell L.

SUMÁRIO: CAMINHO PARA A PROSPERIDADE

Prefácio

- Introdução à jornada rumo à prosperidade.

Olá, Meu Amigo!

- Início da jornada e visão geral do livro.

Capítulo 1: Mentalidade Rica

- Seja bem-vindo a uma aventura emocionante em busca de uma vida mais rica e significativa. Neste livro, vamos explorar juntos o segredo da mentalidade rica - uma maneira especial de pensar que pode transformar sua vida.

Capítulo 2: Planejamento Financeiro Estratégico

- Aprenda a fazer seu dinheiro trabalhar para você por meio de investimentos inteligentes. Descubra como criar um portfólio financeiro que aumente com o tempo, permitindo que você alcance seus sonhos financeiros.

Capítulo 3: Fazendo o Dinheiro Trabalhar para Você

- Já imaginou seu dinheiro trabalhando tão duro quanto você? Este livro mostrará como investir sabiamente pode multiplicar seu dinheiro e abrir portas para um futuro financeiro mais sólido.

Capítulo 4: Empreendedorismo e Inovação

- Se você sonha em começar seu próprio negócio, forneceremos um mapa passo a passo para transformar sua ideia em realidade. Mesmo se você já começou, encontrará dicas valiosas para continuar sua jornada.

Capítulo 5: Lidando com Dívidas com Sabedoria

- Abordagem sobre como gerenciar dívidas de forma eficaz.

Capítulo 6: Mentalidade de Abundância

- Discussão sobre como cultivar uma mentalidade que vê oportunidades em vez de escassez.

Capítulo 7: Compartilhando a Riqueza com o Mundo

- Exploração do impacto positivo de compartilhar a prosperidade.

Epílogo: O Começo de Uma Jornada Sem Fim

- Reflexão sobre a jornada e uma visão para o futuro.

Este sumário representa a jornada completa em direção à prosperidade que exploramos ao longo deste livro. Cada capítulo contribuiu para fornecer insights e orientações sobre como alcançar a riqueza financeira e encontrar significado em sua vida. Continue sua jornada com sabedoria e determinação. O futuro está cheio de oportunidades emocionantes!

INTRODUÇÃO

OLÁ, MEU AMIGO! ESTOU EMPOLGADO PARA COMPARTILHAR COM VOCÊ
ESTA INCRÍVEL JORNADA RUMO À PROSPERIDADE. ESTE É O NOSSO LIVRO,
"CAMINHO PARA A PROSPERIDADE: DESVENDANDO OS SEGREDOS DA
RIQUEZA," E ESTAMOS PRONTOS PARA MERGULHAR EM UM MUNDO CHEIO
DE OPORTUNIDADES E DESCOBERTAS.

EU SEI COMO É ENFRENTAR DESAFIOS FINANCEIROS E SENTIR-SE PERDIDO
NO LABIRINTO DO DINHEIRO. MAS, AQUI, NESTE LIVRO, ENCONTRAREMOS
JUNTOS UM MAPA CLARO QUE NOS GUIARÁ EM DIREÇÃO À PROSPERIDADE.
VAMOS EXPLORAR OS SEGREDOS QUE OS MAIORES MESTRES DAS
FINANÇAS COMPARTILHARAM COM O MUNDO.

CADA CAPÍTULO É UMA PORTA QUE VAMOS ABRIR LADO A LADO.
COMEÇAREMOS COM A MENTALIDADE RICA, A BASE DE TUDO. DEPOIS,
VAMOS MERGULHAR NO PLANEJAMENTO FINANCEIRO ESTRATÉGICO, A
BÚSSOLA QUE NOS APONTARÁ O CAMINHO. VAMOS APRENDER A FAZER
NOSSO DINHEIRO TRABALHAR PARA NÓS, INSPIRADOS POR FIGURAS COMO
WARREN BUFFETT, O LENDÁRIO ORÁCULO DE OMAHA.

MAS ISSO É SÓ O COMEÇO! VAMOS EXPLORAR O MUNDO EMOCIONANTE DO
EMPREENDEDORISMO, SEGUINDO OS PASSOS DE STEVE JOBS E
ELON MUSK.

E ENTENDER COMO LIDAR COM DÍVIDAS COM SABEDORIA, COM A
ORIENTAÇÃO DE ESPECIALISTAS COMO DAVE RAMSEY. E, É CLARO, VAMOS
DESCOBRIR O PODER TRANSFORMADOR DE UMA MENTALIDADE DE
ABUNDÂNCIA.

NÃO VAMOS NOS ESQUECER DO CAPÍTULO FINAL, QUE NOS MOSTRARÁ
QUE A PROSPERIDADE NÃO É APENAS ACUMULAR RIQUEZA, MAS TAMBÉM
COMPARTILHÁ-LA COM O MUNDO, INSPIRADOS POR FIGURAS COMO BILL
GATES E WARREN BUFFETT.

AO VIRAR A PRIMEIRA PÁGINA DESTE LIVRO, SAIBA QUE ESTAMOS PRESTES
A INICIAR UMA JORNADA INCRÍVEL JUNTOS. ACREDITE, VOCÊ É CAPAZ DE
ALCANÇAR A PROSPERIDADE QUE TANTO DESEJA, E ESTE LIVRO SERÁ O
GUIA QUE O ACOMPANHARÁ NESSA EMOCIONANTE JORNADA.

JUNTOS, DESVENDAREMOS OS SEGREDOS DA RIQUEZA E PROSPERIDADE.
VOCÊ SAIRÁ DESTE LIVRO COM UMA NOVA PERSPECTIVA E A ENERGIA
NECESSÁRIA PARA TRILHAR SEU CAMINHO EM DIREÇÃO AOS SEUS SONHOS
FINANCEIROS. ENTÃO, VAMOS COMEÇAR ESTA JORNADA EXTRAORDINÁRIA!

Capítulo 1
mentalidade rica

Imagine este capítulo como o início de uma grande aventura. Ele é como o primeiro passo em direção a um mundo novo e fascinante.

Hoje você conhecerá o personagem principal deste livro: Você mesmo! É como se você estivesse se apresentando para a jornada que está prestes a começar.

Este capítulo é como abrir uma porta misteriosa para o universo dos seus sonhos. Você vai descobrir a importância de definir metas, como um mapa para onde você deseja chegar na vida.

Pense nisso como uma conversa inspiradora com um bom amigo que quer te ajudar a alcançar o sucesso. Você vai aprender a importância de sonhar grande e definir objetivos que o farão sorrir sempre que pensar neles.

À medida que você lê este capítulo, vai sentir a empolgação de criar o seu próprio futuro. É como se alguém tivesse acendido uma luz brilhante no fim do túnel e você estivesse pronto para seguir em direção a ela.

Então, continue lendo e fique animado! O Capítulo 1 é a faísca que acenderá o fogo da sua determinação para realizar seus sonhos. Este e apenas o começo, e as páginas seguintes guardam muitas surpresas incríveis. Vamos nessa! ☀

Agora mergulharemos no fascinante mundo da mentalidade rica. Você já deve ter ouvido falar que a forma como pensamos sobre dinheiro pode influenciar diretamente nossa capacidade de acumular riqueza. Vamos explorar isso de uma maneira leve e fácil de entender, usando exemplos de pessoas bem-sucedidas que trilharam o caminho da prosperidade.

A História de

Oprah Winfrey: Do Desafio à Abundância

Imagine uma jovem afro-americana, criada em condições modestas, que enfrentou desafios em sua infância. Essa é a história de Oprah Winfrey. Ela cresceu em uma casa sem eletricidade ou água corrente, mas tinha um desejo ardente de aprender e crescer. Oprah acreditava que sua situação atual não determinaria seu futuro. Ela desenvolveu uma mentalidade de abundância, acreditando que o sucesso estava ao seu alcance. Com muito esforço e determinação, Oprah se tornou uma das mulheres mais ricas e influentes do mundo, mostrando como a mentalidade pode superar qualquer obstáculo.
"Você é o autor da sua história. Escreva um enredo que te leve à vitória."

Richard Branson: O Espírito Empreendedor Audacioso

Richard Branson, o fundador do Grupo Virgin, é outro exemplo brilhante de uma mentalidade rica. Ele começou seu império empresarial com uma loja de discos e transformou-o em uma vasta gama de empresas, incluindo aviação, música e telecomunicações. O que diferencia Branson é sua disposição para correr riscos e sua confiança de que o sucesso é possível. Ele acredita que, mesmo quando algo falha, você aprende com isso e segue em frente. Sua atitude em relação ao dinheiro e aos negócios ilustra como a mentalidade de abundância pode impulsionar alguém a grandes alturas.
"O sucesso é como uma jornada – comece com um passo, continue com determinação e celebre cada etapa."

A Lenda dos Investimentos, Warren Buffett

Warren Buffett, conhecido como o Oráculo de Omaha, é um dos investidores mais bem-sucedidos de todos os tempos. O que torna Buffett único é sua abordagem de investimento sólida e sua mentalidade em relação ao dinheiro. Ele não busca riquezas rápidas, mas sim investe a longo prazo em empresas sólidas Buffett acredita na importância de aprender continuamente e tomar decisões baseadas em fatos, não em emoções. Sua jornada mostra como uma mentalidade rica pode gerar crescimento financeiro constante.

"A chave para vencer na vida está em acreditar em si mesmo antes de qualquer outra pessoa."

Elon Musk: Inovador Implacável

Elon Musk é um visionário que não apenas revolucionou várias indústrias, mas também exemplifica uma mentalidade rica. Ele co-fundou empresas como Tesla,
SpaceX e PayPal, desafiando convenções e assumindo riscos monumentais.
Musk acredita no poder da visão e da resiliência. Ele nunca se deterá diante de

desafios e obstáculos, sua história nos mostra como a determinação e uma

mentalidade voltada para o futuro podem levar a resultados incríveis.

"A chave para vencer na vida está em acreditar em si mesmo antes de qualquer outra pessoa."

Conclusão: Desbloqueando sua Mentalidade Rica

À medida que exploramos esses exemplos inspiradores, perceba que a

mentalidade
rica não é um dom exclusivo dessas pessoas extraordinárias. Ela pode ser desenvolvida e cultivada por qualquer um. Ter uma mentalidade de abundância significa acreditar que o sucesso financeiro é possível, mesmo diante de desafios. É sobre aprender, arriscar e continuar avançando. Nos próximos capítulos, vamos

descobrir como você pode começar a cultivar sua própria mentalidade rica e trilhar seu caminho em direção à prosperidade. Lembre-se, você já deu o primeiro passo ao abrir este livro!

Capítulo 2: :
PLANEJAMENTO FINANCEIRO ESTRATÉGICO

Bem-vindo ao segundo capítulo do nosso emocionante livro sobre como alcançar a prosperidade financeira! No capítulo anterior, exploramos grandes nomes da atualidade e um pouco da história de cada um e como a mentalidade rica de perseverança crença e ação fizeram eles se tornar vencedores . Agora, vamos dar um passo adiante e mergulhar em dicas práticas que podem ajudá-lo a trilhar o caminho para uma vida financeira mais próspera e realizadal.

Agora que entendemos a importância da mentalidade rica, é hora de dar um passo crucial rumo à prosperidade: o planejamento financeiro estratégico. Não se preocupe, este capítulo será leve e fácil de entender, como um mapa que o guiará em sua

jornada financeira.

Você pode estar se perguntando: "Por onde eu começo?" ou "Como posso melhorar minha situação financeira?". Não se preocupe, estamos aqui para guiar você por meio de conselhos práticos, estratégias realistas e exemplos reais que o ajudarão a transformar sua relação com o dinheiro.
Neste capítulo, vamos explorar:

• *Como investir de forma inteligente, mesmo com um orçamento limitado.*

• *Dicas para economizar dinheiro sem sacrificar a qualidade de vida.*

• *O emocionante mundo do empreendedorismo e como você pode fazer*

parte dele.

• *Práticas de gestão financeira que o manterão no controle de suas*

finanças.

Então, prepare-se para aprender, crescer e, o mais importante, dar passos concretos em direção à prosperidade financeira. Vamos começar a jornada para uma vida financeira mais estável, segura e cheia de oportunidades. A chave está em suas mãos, e estamos aqui para guiá-lo ao longo do caminho. Vamos lá!

• como investir de forma inteligente , mesmo com um orçamento limitado

°Dicas para economizar dinheiro sem sacrificar a qualidade de vida

1. Defina Seus Objetivos Financeiros

Imagine que você está planejando uma viagem incrível. Antes de pegar a estrada, você precisa saber para onde está indo, certo? O mesmo vale para suas finanças. Comece definindo objetivos financeiros claros. Isso pode ser economizar para uma casa, uma educação universitária, uma aposentadoria confortável ou até mesmo uma grande viagem. Seus objetivos fornecerão a direção que você precisa.

2. Crie um Orçamento Realista

O próximo passo é criar um orçamento. Pense nele como um roteiro para sua jornada
financeira. Anote todas as suas fontes de renda e despesas. Isso ajudará você a entender para onde está indo o seu dinheiro e onde pode fazer cortes ou ajustes, se necessário. Um orçamento ajuda a manter o controle de suas finanças e a alcançar seus objetivos.

3. Pague Dívidas de Alta Taxa de Juros

Dívidas de cartão de crédito com altas taxas de juros podem ser verdadeiros obstáculos na estrada para a prosperidade. Concentre-se em pagar essas dívidas o mais rápido possível. Isso liberará recursos financeiros para investir e crescer seu patrimônio.

4. Construa um Fundo de Emergência

Imagine que, durante sua viagem, seu carro quebrou. Você ficaria feliz por ter um fundo de emergência para cobrir as despesas, não é mesmo? Da mesma forma, tenha um fundo de emergência para enfrentar imprevistos financeiros. Isso lhe dará tranquilidade e evitará que você recorra a dívidas em momentos difíceis.

5. Invista Sabiamente

Investir é como fazer seu dinheiro trabalhar para você. Existem várias opções de investimento, desde ações e títulos até fundos mútuos e imóveis. Não é necessário ser um guru financeiro para começar. Faça pesquisas, considere suas metas e avance com cautela.

6. Acompanhe Seu Progresso

Finalmente, lembre-se de revisitar e ajustar seu plano regularmente. À medida que sua vida evolui, seus objetivos financeiros podem mudar. Acompanhar seu progresso ajudará você a manter o foco e fazer as adaptações necessárias.

Lembre-se, o planejamento financeiro estratégico é como um guia de viagem para a prosperidade. Ele não apenas o ajuda a chegar ao seu destino, mas também torna a jornada mais tranquila e previsível. À medida que chegamos ao fim deste capítulo, espero que você esteja sentindo a empolgação de explorar novas possibilidades em direção à prosperidade financeira. Discutimos investimentos, economia,

°o emocionante mundo do empreendedorismo e como você pode fazer parte dele

O mundo do empreendedorismo é empolgante e repleto de oportunidades para aqueles que buscam transformar ideias em realidade. Aqui estão algumas dicas para fazer parte desse emocionante universo:

1. -Identifique Paixões e Habilidades: Encontre áreas que realmente o motivem e onde suas habilidades se destaquem. Isso pode ser a base para uma ideia de negócio.

2. -Pesquise e Valide sua Ideia: Investigação é chave. Pesquise o mercado, identifique concorrentes e valide sua ideia com potenciais clientes para garanti que há demanda.

3.- Elabore um Plano de Negócios: Coloque suas ideias no papel. Um plano de negócios sólido ajuda a estabelecer metas, estratégias e a compreender os desafios que podem surgir.

4. -Desenvolva Habilidades Empreendedoras: Além das habilidades específicas do seu setor, desenvolva habilidades em gestão, liderança, comunicação e resolução de problemas.

5. -Esteja Disposto a Aprender: O empreendedorismo é um processo contínuo de aprendizado. Esteja aberto a novas informações, feedback e adapte-se conforme necessário.

6. -Construa uma Rede de Contatos: Conectar-se com outros empreendedores, mentores e profissionais da indústria pode fornecer orientação valiosa e oportunidades de parceria.

7. -Busque Recursos Financeiros: Avalie as opções de financiamento, como investidores, empréstimos, ou até mesmo bootstrapping (financiar o negócio com recursos próprios).

8. -Mantenha o Foco no Cliente: Entenda as necessidades dos seus clientes e adapte seu negócio para atendê-las da melhor maneira possível.

9. -Seja Resiliente: O empreendedorismo é desafiador. Esteja preparado para enfrentar obstáculos e aprender com os fracassos, transformando-os em oportunidades de crescimento.

10. -Cumpra as Regulações: Familiarize-se com as regulamentações e obrigações legais relacionadas ao seu setor para evitar problemas futuros.

11. -Promova Sua Marca: Invista em marketing e estratégias de branding para construir uma presença sólida no mercado.

Lembre-se, o empreendedorismo é uma jornada única e cada desafio é uma oportunidade para crescer. Mantenha-se apaixonado pela sua visão, seja persistente e aproveite a empolgação de criar algo significativo.

°práticas de gestão financeira que o manterão no controle de suas finanças

1. -Orçamento Mensal: Crie um orçamento detalhado para acompanhar receitas e despesas. Isso ajuda a entender para onde o dinheiro está indo e a fazer ajustes conforme necessário.

2. -Priorize Gastos: Identifique despesas essenciais e não essenciais. Priorize o pagamento de contas importantes antes de gastar em itens menos necessários.

3. -Crie uma Reserva de Emergência: Poupe regularmente para construir uma reserva que cubra de três a seis meses de despesas básicas. Isso oferece segurança em casos de imprevistos.

4. -Evite Dívidas Desnecessárias: Se possível, evite dívidas de consumo. Caso tenha dívidas, priorize o pagamento das de juros mais elevados.

5. -Economize para Metas Específicas: Estabeleça metas financeiras, como comprar um carro, fazer uma viagem ou investir. Poupar especificamente para essas metas mantém você motivado.

6. -Compare Preços: Antes de fazer compras significativas, compare preços em diferentes lugares. Isso pode economizar dinheiro a longo prazo.

7. -Negocie Contas: Não hesite em negociar tarifas e contas. Muitas vezes, empresas estão dispostas a oferecer descontos para manter clientes.

8. -Acompanhe Seus Investimentos: Mantenha-se informado sobre o desempenho de seus investimentos. Faça ajustes conforme necessário para atender às suas metas financeiras.

9. -Reavalie Regularmente: Revise seu orçamento e suas metas periodicamente. Mudanças na vida podem exigir ajustes em sua abordagem financeira.

10. -Eduque-se Financeiramente: Invista tempo em aprender sobre finanças pessoais. Quanto mais você souber, melhor poderá tomar decisões informadas.

Lembrando que o controle financeiro é um hábito contínuo. Implementar essas práticas gradativamente pode ajudar a fortalecer sua saúde financeira ao longo do tempo.

conclusão

Lembre-se de que, assim como um jardineiro cuidadoso cultiva suas plantas, você pode cultivar sua riqueza e prosperidade financeira. Os passos que você der hoje, por menores que pareçam, podem ter um impacto surpreendente em seu amanhã. Pense nisso como o início de uma emocionante jornada financeira, onde você é o autor da sua história.

À medida que avançamos neste livro, continuaremos a explorar estratégias e conhecimentos que o capacitarão a alcançar seus objetivos financeiros. A prosperidade financeira é uma meta que pode ser alcançada por aqueles que estão dispostos a aprender, planejar e agir.

Portanto, não apenas feche este capítulo, mas abrace a oportunidade que ele representa. Comprometa-se a aplicar o que aprendeu aqui, tome medidas concretas e
esteja preparado para colher os frutos de seus esforços. O próximo capítulo nos levará
a uma jornada ainda mais profunda em direção à prosperidade financeira. Até lá, continue sonhando, aprendendo e agindo – o futuro financeiro que você deseja está ao seu alcance.
Nos próximos capítulos, exploraremos maneiras de fazer seu dinheiro crescer e prosperar a longo prazo.

Capítulo 3

Fazendo o Dinheiro Trabalhar para Você

Nosso dinheiro não é apenas um meio de troca; é uma
ferramenta que pode ser habilmente empregada para criar
um futuro mais brilhante e gratificante. Quando dominamos
a arte de investir, economizar e empreender com sabedoria,
damos ao dinheiro a capacidade de trabalhar
incansavelmente em nosso nome.

Neste capítulo, mergulharemos fundo no emocionante mundo dos investimentos e estratégias financeiras que farão o seu dinheiro trabalhar para você de forma inteligente e eficaz. Prepare-se para uma leitura envolvente e informativa que o ajudará a prosperar financeiramente.

Investir com Sabedoria

Vamos começar descomplicando os investimentos. Explicaremos de forma simples o que são ações, títulos, fundos mútuos e outros veículos de investimento. Você entenderá como eles funcionam e como escolher os mais adequados para os seus objetivos financeiros.

Estratégias Vencedoras

Descubra estratégias vencedoras para maximizar o crescimento do seu patrimônio. Conversaremos sobre a importância de diversificar seus investimentos e como criar uma carteira sólida que minimize os riscos e maximize os retornos.

Automatize seus Investimentos

Imagine se os seus investimentos pudessem ser gerenciados de forma automática. Vamos explorar opções de investimento automatizado, como os fundos de índice e consultores robóticos. É a maneira inteligente de fazer o seu dinheiro trabalhar para você, com o mínimo de esforço.

O poder da economia de impostos

Aprenda estratégias legais para economizar em impostos e manter mais dinheiro no seu bolso. Descubra como otimizar sua situação fiscal e fazer o seu patrimônio crescer
ainda mais.

Evitando Armadilhas financeiras

No mundo dos investimentos, existem armadilhas que podem prejudicar o seu progresso. Vamos revelar as mais comuns e mostrar como evitá-las, para que você possa seguir um caminho seguro para a prosperidade financeira.

Cultive a Paciência

Lembre-se, a construção de riqueza é uma jornada que requer paciência. Vamos explorar a importância de manter a calma e não ceder à tentação de buscar enriquecimento rápido.

Prepare-se para uma jornada emocionante de crescimento financeiro. Com as informações e estratégias deste capítulo, você estará mais preparado do que nunca para fazer o seu dinheiro trabalhar arduamente para alcançar seus objetivos e realizar seus sonhos. É hora de dar um passo em direção à prosperidade financeira!

• *Investir com Sabedoria*

Neste capítulo, aprofundaremos a primeira seção, que trata de investir com sabedoria. Vou explicar isso de forma simples e clara.

Investir é como plantar sementes para colher frutos no futuro. Quando você investe,
coloca seu dinheiro em diferentes lugares, como ações de empresas, títulos ou fundos
mútuos. Esses investimentos podem crescer ao longo do tempo, gerando mais
dinheiro para você.

Aqui estão alguns pontos-chave:

1. Ações, Títulos e Fundos Mútuos: As ações representam partes de uma empresa, os títulos são empréstimos a governos ou empresas, e os fundos mútuos são carteiras de ações e títulos gerenciados por profissionais. Cada um tem seu nível de risco e potencial de retorno.

2. Escolhendo Investimentos: Você precisa escolher investimentos que se encaixem nos seus objetivos financeiros e no seu apetite por riscos. Alguns investimentos podem ser mais arriscados, mas têm potencial de retorno maior.

3. Diversificação: Não coloque todos os ovos na mesma cesta. Diversificar significa espalhar seus investimentos por diferentes tipos de ativos para reduzir riscos. Se um investimento não vai bem, outros podem compensar.

4. Horizonte de Tempo: O tempo é seu aliado. Quanto mais tempo você mantiver seus investimentos, mais eles terão a chance de crescer. Portanto, comece a investir cedo.

5. Educação Financeira: Quanto mais você aprender sobre investimentos, melhor tomará decisões. Existem muitos recursos educacionais disponíveis, desde livros até cursos online.

Aqui estão alguns exemplos aonde você pode aperfeiçoar seus conhecimentos sobre investimentos e começar a investir de forma mais segura e consciente do que está fazendo :

Livros:

1. *"Pai Rico, Pai Pobre" por Robert Kiyosaki:* Este livro oferece uma introdução ao pensamento financeiro e investimentos, explorando as diferenças entre ativos e passivos.

2. *"O Investidor Inteligente" por Benjamin Graham:* Este é um clássico no mundo dos investimentos, que ensina a abordagem de investimento em valor.

3. *"Os Segredos da Mente Milionária" por T. Harv Eker:* Este livro se concentra na mentalidade financeira e como isso afeta os resultados financeiros.

4. *"A Random Walk Down Wall Street" por Burton G. Malkiel:* Um guia sólido para entender investimentos, incluindo a teoria do mercado eficiente.

5. *"Investimentos: Os Segredos de George Soros e Warren Buffett" por Mark Tier:* Este livro explora a filosofia de investimento de dois dos maiores investidores de todos os tempos.

Conteúdo Online:

1. *Investopedia (www.investopedia.com):** Uma excelente fonte de informações sobre investimentos, incluindo artigos, tutoriais e glossários.

2. *Canal do YouTube do Primo Rico: Thiago Nigro, conhecido como Primo Rico, oferece muitos vídeos informativos sobre investimentos e educação financeira.

3. *Blog do Bastter (www.bastter.com)* Um fórum e blog brasileiro onde os investidores discutem estratégias, ações e outros investimentos.

4. *Podcasts sobre Investimentos: Existem muitos podcasts excelentes sobre investimentos, como o "Stock Market Investing" e o "The Motley Fool Podcast".

5. *Cursos Online: Plataformas como Coursera, Udemy e edX oferecem cursos sobre investimentos ministrados por instituições acadêmicas renomadas.

Investir com sabedoria é como aprender a arte de fazer seu dinheiro trabalhar para você. Este é apenas o começo, e ainda temos muito mais para explorar neste capítulo emocionante. Continue lendo e descubra como fazer seu dinheiro trabalhar de forma mais inteligente e eficaz!

• Estratégias Vencedoras

Vamos explorar algumas estratégias inteligentes para fazer seu dinheiro trabalhar de forma eficaz. Vou explicar isso de forma simples e clara para mantê-lo empolgado com a leitura.

1. Orçamento Inteligente: *Comece com um orçamento sólido. Saiba quanto você ganha e quanto gasta. Isso ajuda a controlar seus gastos e a economizar mais para investir.*

2. Automatização Financeira: *Configure transferências automáticas para sua conta de investimento assim que receber seu salário. Isso garante que você esteja economizando e investindo consistentemente.*

3. Reinvestimento de Lucros: *Quando seus investimentos gerarem lucro, reinvesti-los. Isso permite que seu dinheiro cresça ainda mais rapidamente, pois você está ganhando dinheiro com seu próprio dinheiro.*

4. Investimentos Passivos: *Considere investimentos passivos, como fundos de índice. Eles acompanham automaticamente o desempenho do mercado, exigindo menos gerenciamento ativo.*

5. Redução de Dívidas: *Antes de investir em grande escala, concentre-se em pagar dívidas de alto juro, como cartões de crédito. Isso elimina uma grande carga financeira.*

6. Diversificação Inteligente: Distribua seus investimentos em diferentes setores e classes de ativos para minimizar riscos. Um portfólio diversificado é mais resistente a flutuações de mercado.

7. Acompanhamento Regular: Não esqueça de verificar seus investimentos regularmente, mas não com muita frequência. O pânico de curto prazo pode prejudicar seu progresso.

8. Educação Contínua: Continue aprendendo sobre investimentos. Quanto mais você sabe, melhores decisões financeiras pode tomar.

Estas são estratégias Vencedoras que podem ajudá-lo a fazer seu dinheiro trabalhar para você de forma mais eficaz. Lembre-se de que a jornada para a prosperidade financeira é contínua.

• Automatize Seus Investimentos

vamos aprofundar o tópico de automatizar seus investimentos para que você tenha uma compreensão completa e fique empolgado com essa estratégia.

O que é Automatização de Investimentos?

Automatizar seus investimentos significa configurar um sistema onde uma parte do seu dinheiro é automaticamente direcionada para contas de investimento, como uma conta de aposentadoria ou investimentos em ações, logo após você receber seu salário.

15

Isso é feito de forma consistente e sem que você precise tomar decisões complexas todos os meses.

Benefícios da Automatização:

1. *Disciplina Financeira: Automatizar seus investimentos é como ter um "poupança forçada". Isso ajuda a manter a disciplina financeira, garantindo que você economize e invista regularmente.*

2. *Redução da Tentação de Gastos: Quando o dinheiro vai diretamente para investimentos, você é menos tentado a gastá-lo em compras impulsivas. Isso ajuda a construir riqueza de forma constante.*

3. *Aproveitar o Poder da Consistência: Investir pequenas quantias regularmente pode resultar em crescimento significativo ao longo do tempo, graças ao poder dos juros compostos.*

Como Começar:

1. *Escolha suas Contas de Investimento:* Primeiro, escolha as contas de investimento adequadas para seus objetivos financeiros, como uma conta de aposentadoria, conta de corretagem ou fundo de investimento.

2. *Configure Transferências Automáticas:* Em seguida, configure transferências automáticas de sua conta bancária principal para suas contas de investimento. Você pode escolher a frequência (mensal, quinzenal, etc.) e o valor a ser transferido.

3. Defina Metas de Investimento: Estabeleça metas claras para seus investimentos, como economizar para a aposentadoria, uma casa ou a educação dos filhos. Isso ajudará a determinar quanto você precisa investir regularmente.

4. Acompanhe Seu Progresso: Periodicamente, verifique como seus investimentos estão indo, mas evite a tentação de fazer mudanças constantes. A automatização funciona melhor quando você mantém uma abordagem a longo prazo.

Automatizar seus investimentos é uma estratégia inteligente para construir riqueza de forma estável e sem estresse. Continuando com essa prática ao longo do tempo, você verá seu dinheiro crescendo e estará no caminho certo para alcançar seus objetivos financeiros. Então, siga em frente com confiança!

• *O Poder da Economia de Impostos*

Agora você irá aprender sobre o poder da economia de impostos de uma forma simples e clara para que você possa entender e se empolgar com essa estratégia.

O Que é Economia de Impostos?

A economia de impostos é uma estratégia legal e inteligente para reduzir a quantidade de dinheiro que você paga em impostos, permitindo que você retenha mais do seu dinheiro suado. Aqui está como isso funciona:

1. Investimentos com Benefícios Fiscais: *Existem tipos específicos de investimentos, como contas de aposentadoria ou planos de previdência, que oferecem benefícios fiscais. Isso significa que, quando você investe dinheiro nessas contas, você paga menos impostos sobre esses fundos.*

2. Estratégias de Dedução de Impostos: *Existem várias estratégias legais que permitem que você deduza despesas específicas do seu rendimento tributável, reduzindo assim a quantia total de impostos que você deve pagar.*

Por que a Economia de Impostos é Importante?

1. Maior Retenção de Renda: *Ao reduzir a quantidade de impostos que você paga, você mantém mais dinheiro em sua carteira, o que pode ser usado para economizar, investir ou atingir seus objetivos financeiros.*

2. Crescimento Acelerado de Investimentos: *Investir em contas com benefícios fiscais significa que seu dinheiro cresce mais rapidamente ao longo do tempo, graças aos impostos reduzidos ou diferidos.*

Estratégias Inteligentes de Economia de Impostos:

1. Contribuição para Planos de Aposentadoria: Maximize suas contribuições para planos de aposentadoria, como 401(k) ou IRAs, para aproveitar os benefícios fiscais e economizar para o futuro.

2. Educação Financeira: Esteja ciente das oportunidades de dedução fiscal, como despesas médicas elegíveis, juros de empréstimos estudantis ou gastos relacionados à educação.

3. Planejamento Tributário Profissional: Consulte um profissional de impostos ou contador para ajudá-lo a otimizar sua situação fiscal e aproveitar todas as deduções e créditos disponíveis.

Lembre-se, o dinheiro que você economiza em impostos pode ser reinvestido, o que pode resultar em crescimento significativo ao longo do tempo. A economia de impostos é uma das chaves para uma prosperidade financeira sólida e pode ajudá-lo a atingir seus objetivos financeiros com mais eficiência. Continue lendo e aprendendo, pois o próximo topico trará ainda mais conhecimento valioso!

• *Evitando Armadilhas Financeiras*

vamos explorar um tema crucial: como evitar armadilhas financeiras que podem sabotar seus esforços para alcançar a prosperidade financeira. Muitas pessoas, ao longo de suas jornadas financeiras, cometem erros que podem ser evitados com conhecimento e planejamento adequados. Vamos descobrir quais são essas armadilhas comuns e como você pode superá-las.

Armadilha 1: Gastos Impulsivos

Um dos maiores obstáculos para a construção da riqueza é o hábito de gastos impulsivos. Comprar itens desnecessários ou se deixar levar por promoções tentadoras pode prejudicar seriamente suas finanças. No capítulo, aprenderemos
estratégias para resistir a essas tentações e controlar seus gastos de maneira eficaz.

Armadilha 2: Falta de Planejamento Financeiro

Muitas pessoas não têm um plano financeiro sólido. Elas vivem de salário em salário,
sem uma visão clara de suas metas financeiras. Vamos discutir a importância de criar
um orçamento, estabelecer metas financeiras e como fazer um planejamento financeiro realista para alcançar seus objetivos.

Armadilha 3: Ignorar a Educação Financeira

A falta de conhecimento sobre finanças pessoais pode levar a más decisões financeiras. Neste capítulo, exploraremos a importância da educação financeira e onde
você pode encontrar recursos para se tornar financeiramente mais inteligente.

4:Armadilha: Não Diversificar Investimentos

Colocar todos os seus ovos em uma única cesta pode ser perigoso no mundo dos investimentos. Discutiremos a diversificação de investimentos como uma estratégia- chave para reduzir riscos e aumentar o potencial de retorno.

Armadilha 5: Acúmulo de Dívidas

A dívida excessiva pode sufocar sua capacidade de prosperar financeiramente. Vamos
explorar maneiras de gerenciar e reduzir dívidas de forma eficaz.

Agora você terá uma compreensão sólida das armadilhas financeiras comuns e saberá como evitá-las. Lembre-se, alcançar a prosperidade financeira requer não apenas ganhar dinheiro, mas também gerenciá-lo sabiamente. Continue lendo para descobrir estratégias práticas que o ajudarão a construir um futuro financeiro sólido.

° Cultive a paciência

A paciência é uma virtude fundamental quando se trata de finanças.
Investimentos sólidos e crescimento financeiro substancial geralmente não
acontecem da noite para o dia.
 Vamos explorar por que a pressa pode ser prejudicial e como a paciência
permite que você tome decisões financeiras mais sábias.

Metas de Longo Prazo:

Para prosperidade financeira duradoura, é essencial definir metas de longo prazo.
Vamos discutir como estabelecer metas financeiras real stas que se estendem
por anos
ou décadas e como a paciência desempenha um papel vital na busca desses
objetivos.

Educação Financeira Contínua:

Aprender sobre investimentos, economia e planejamento f nanceiro é um processo
contínuo. Vamos explorar como a paciência desempenha um papel na sua jornada de
aprendizado financeiro e por que é importante não buscar soluções rápidas ou
fórmulas mágicas.

Resistindo à Tentação:

Muitas vezes, gastos impulsivos são motivados pela falta de paciência. Vamos discutir
estratégias para resistir à tentação de comprar coisas que você não precisa e
como a paciência pode ajudar a tomar decisões financeiras mais ponderadas.

° Investimento de longo prazo

A paciência é essencial quando se trata de investimentos de longo prazo. E a importância de manter investimentos por um período prolongado para colher os benefícios do crescimento composto.

Então compreendeu agora a importância vital de cultivar a paciência em sua jornada para a prosperidade financeira. Lembre-se de que, assim como as árvores crescem mais altas com o tempo, suas finanças também podem prosperar quando você permite que o tempo e a paciência trabalhem a seu favor. Continue lendo para descobrir mais estratégias para uma vida financeira mais saudável e próspera.

Conclusão do Capítulo 3: Fazendo o Dinheiro Trabalhar para Você

Neste capítulo, mergulhamos na emocionante jornada de fazer o dinheiro trabalhar a seu favor. Aprendemos a importância de investir sabiamente, diversificar suas fontes de renda e acreditar no poder dos juros compostos. Ao evitar armadilhas financeiras comuns e cultivar a paciência, você está construindo alicerces sólidos para uma prosperidade duradoura.

Agora, é hora de começar a colher os frutos do seu esforço financeiro. Mantenha-se comprometido com seus objetivos, mantenha sua mente aberta para novas oportunidades de investimento e lembre-se de que cada passo que você dá no mundo das finanças é um passo em direção a uma vida mais próspera e segura.

No próximo capítulo, exploraremos estratégias inteligentes para otimizar seus investimentos e maximizar seu potencial de ganhos. Continue firme, pois o sucesso financeiro está ao seu alcance. O dinheiro está pronto para trabalhar para você; tudo o que você precisa fazer é seguir em frente e aproveitar as oportunidades que surgirem.

Capítulo 4:
Empreendedorismo e inovação

"O empreendedorismo é a arte de transformar ideias ousadas em realidade, impulsionado pela coragem e determinação. A inovação é c motor que impulsiona o progresso, criando soluções melhores e mais eficientes. Juntos, empreendedorismo e inovação são a chave para desbloquear o potencial humano, moldar o futuro e criar um mundo repleto de oportunidades emocionantes e positivas."

Neste capítulo, exploraremos o emocionante mundo do empreendedorismo e como a inovação desempenha um papel fundamental no sucesso de qualquer empreendimento. Vamos abordar os seguintes tópicos de forma simples e envolvente:

1. O que é Empreendedorismo?

- Definiremos o empreendedorismo e explicaremos por que ele é essencial para o crescimento econômico e a criação de empregos.

2. Ideias que Mudam o Mundo

- Descubra como grandes ideias podem se transformar em empreendimentos de sucesso. Apresentaremos exemplos inspiradores de empresas que começaram com uma ideia inovadora.

3. O Papel da Inovação

- Explore por que a inovação é a chave para se destacar no mercado. Abordaremos como a criatividade e a adaptação são cruciais para qualquer empreendimento.

4. Desafios do Empreendedor

- Discutiremos os desafios comuns enfrentados por empreendedores e como superá-los. Saiba como lidar com o risco, a concorrência e as incertezas.

5. Empreendedorismo e a Sociedade

- Descubra como o empreendedorismo pode fazer a diferença em sua comunidade e sociedade como um todo. Mostraremos exemplos de empreendimentos que impactaram positivamente o mundo.

6. Passos para Iniciar seu Próprio Negócio

- Se você tem o desejo de ser empreendedor, forneceremos orientações práticas para começar seu próprio negócio, desde a concepção da ideia até o lançamento.

7. Inovação Contínua

- Aprenda por que a inovação contínua é crucial para a sobrevivência a longo prazo de qualquer empreendimento. Abordaremos como se manter relevante no mercado em constante evolução.

1 • O que é Empreendedorismo?

O empreendedorismo é como transformar sonhos em realidade. Imagine ter uma ideia incrível e acreditar tanto nela que você decide transformá-la em um negócio. Isso é o empreendedorismo!

É sobre criar algo novo, algo que as pessoas desejam ou precisam. Pode ser um produto inovador, um serviço útil ou até mesmo uma maneira melhor de fazer algo que já existe. Os empreendedores são como inventores modernos, sempre procurando maneiras de tornar o mundo melhor.

Mas o empreendedorismo não é apenas sobre criar coisas. Também é sobre assumir riscos. Quando você começa um negócio, não há garantias de sucesso. Você pode enfrentar desafios, obstáculos e até mesmo falhas. Mas empreendedores não desistem facilmente. Eles aprendem com os erros e continuam tentando.

Além disso, o empreendedorismo é uma força motriz para a economia. Quando as pessoas criam novos negócios, eles também criam empregos. E empregos significam que as pessoas podem ganhar dinheiro para sustentar suas famílias e melhorar suas vidas.

Então, se você tem uma ideia brilhante ou um sonho que deseja realizar, o empreendedorismo pode ser o caminho. É sobre paixão, coragem e fazer a diferença. Não tenha medo de começar pequeno. Grandes empresas como a Apple e a Amazon começaram em garagens! O importante é acreditar na sua ideia e trabalhar duro para torná-la realidade.

Lembre-se, todo grande empreendimento começa com um pequeno passo.

• *Ideias que mudam o mundo*

Certamente! Aqui estão alguns exemplos de empreendedores bem-sucedidos dos tempos atuais:

1. **Elon Musk** : *Fundador da Tesla, SpaceX e várias outras empresas, Elon Musk é conhecido por sua visão ousada e inovações em transporte elétrico, exploração espacial e energia sustentável.*

2. Jeff Bezos : O fundador da Amazon transformou uma livraria online em uma das maiores empresas de comércio eletrônico do mundo. Sua visão expandiu- se para áreas como streaming de vídeo e exploração espacial com a empresa Blue Origin.

3. Mark Zuckerberg :Criador do Facebook, Mark Zuckerberg revolucionou as redes sociais e a forma como as pessoas se conectam online. Sua empresa agora inclui o Instagram e o WhatsApp.

4. Sundar Pichai: Como CEO do Google e da Alphabet Inc., Sundar Pichai lidera algumas das empresas mais influentes do mundo, impulsionando inovações em pesquisa, inteligência artificial e tecnologia.

5. Oprah Winfrey: Além de ser uma renomada apresentadora de televisão e atriz, Oprah também é uma empreendedora de sucesso. Ela fundou a Oprah Winfrey Network (OWN) e é uma das mulheres mais influentes no mundo dos negócios e da mídia.

6. Richard Branson : O fundador do Grupo Virgin construiu um império que abrange diversas indústrias, incluindo aviação, música, telecomunicações e turismo espacial com a Virgin Galactic.

7. Warren Buffett : Conhecido como um dos maiores investidores de todos os tempos, Warren Buffett é o presidente e CEO da Berkshire Hathaway, uma das maiores holdings de investimento do mundo.

8. **Tim Cook** : *Como CEO da Apple, Tim Cook liderou a empresa após o falecimento de Steve Jobs. Ele continuou a inovar com produtos como o iPhone, iPad e Apple Watch.*

9. **Reed Hastings** : *Fundador e CEO da Netflix, Reed Hastings transformou a forma como consumimos conteúdo de entretenimento, popularizando o streaming de vídeo em todo o mundo.*

10. **Jack Ma:** *Fundador do Alibaba Group, Jack Ma construiu uma das maiores empresas de comércio eletrônico e tecnologia da China, com presença global.*

Esses empreendedores são exemplos inspiradores de como a visão, a inovação e o compromisso podem levar ao sucesso nos negócios. Eles demonstram que com perseverança e criatividade, é possível criar empresas que impactam positivamente o mundo.

2° Ideias que Mudam o Mundo: Como Transformar Sonhos em Realidade

Imagine uma única ideia capaz de mudar a vida das pessoas e até o mundo. É incrível como algo que começa na mente de alguém pode se tornar um empreendimento de sucesso e impactar positivamente a sociedade. Aqui, vamos explorar como grandes ideias podem transformar o mundo.

1. **Identificando um Problema:** Tudo começa com a observação atenta do mundo ao nosso redor. Quando alguém percebe um problema, uma lacuna ou uma necessidade não atendida, uma ideia pode surgir. Pode ser algo tão simples quanto tornar a comunicação mais fácil ou resolver um desafio complexo, como cuidar do meio ambiente.

2. **Criatividade e Inovação:** Grandes ideias muitas vezes são inovadoras. Elas não seguem o padrão comum, mas pensam "fora da caixa". Pode ser uma nova tecnologia, um método de negócio diferente ou uma maneira única de abordar um problema.

3. **Compromisso e Paixão**: Ter uma ideia é apenas o começo. Transformá-la em realidade exige paixão e compromisso. Os empreendedores estão dispostos a trabalhar incansavelmente para alcançar seus objetivos, mesmo quando enfrentam desafios.

4. **Exemplos Inspiradores**: Muitas das maiores empresas do mundo começaram com uma ideia inovadora. A Apple revolucionou a tecnologia com o iPhone, a Tesla está transformando a indústria automobilística com carros elétricos e a Airbnb mudou a forma como viajamos e nos hospedamos.

5. **Impacto na Sociedade**: As melhores ideias não apenas geram lucro, mas também têm um impacto positivo na sociedade. Elas melhoram a qualidade de vida das pessoas, resolvem problemas globais e criam um mundo melhor para todos.

6. **O Poder da Persistência**: Lembre-se de que a jornada de transformar uma ideia em um empreendimento de sucesso nem sempre é fácil. Você pode enfrentar obstáculos e até mesmo falhas, mas a persistência é o que faz a diferença. Acredite na sua ideia e continue trabalhando nela.

7. **Comece Pequeno, Sonhe Grande**: Não importa quão grande seja sua ideia, comece pequeno. Muitas empresas de sucesso começaram em garagens ou salas pequenas. O importante é dar o primeiro passo e seguir em frente.

8. **Inspire-se**: A inspiração pode vir de qualquer lugar: livros, histórias de empreendedores de sucesso, observação do mundo ao seu redor ou até mesmo de seus próprios desafios. Mantenha-se curioso e aberto a novas ideias.

Lembre-se de que a próxima ideia revolucionária pode estar dentro de você. Esteja atento ao mundo ao seu redor, seja criativo e acredite na sua capacidade de fazer a diferença. Grandes ideias têm o poder de transformar o mundo, e você pode ser a pessoa que as coloca em prática.

3 • O Papel da Inovação

Vamos explorar por que a inovação é essencial para se destacar no mercado e como a criatividade e a adaptação desempenham um papel crucial em qualquer empreendimento.

*A Fórmula Mágica do Sucesso: Inovação, Criatividade e Adaptação

Você já se perguntou por que algumas empresas parecem sempre à frente da concorrência, enquanto outras lutam para acompanhar? A resposta está na tríade mágica: inovação, criatividade e adaptação.

Imagine que o mercado é um rio em constante movimento. As empresas que conseguem navegar com sucesso por suas águas turbulentas são aquelas que inovam. Mas o que exatamente é inovação?

Inovação é a arte de trazer algo novo e valioso ao mundo. Não precisa ser uma revolução; pequenas melhorias contam. Pode ser um novo produto, um novo serviço, ou até mesmo uma maneira mais eficiente de fazer algo existente.

*Criatividade – O Combustível da Inovação

A criatividade é a centelha que acende a inovação. É a capacidade de pensar fora da caixa, conectar pontos aparentemente desconexos e imagirar soluções únicas. Todos nós somos criativos de alguma forma; só precisamos nutrir essa habilidade.

*Adaptação – A Sobrevivência no Mundo Empresarial

No mundo dos negócios, a mudança é a única constante. As empresas que resistem à mudança são como árvores frágeis que quebram sob a tempestade. As que se adaptam são como bambus flexíveis, que resistem e florescem.

*Por Que Isso é Importante?

1. **Competitividade:** Empresas inovadoras são vistas como líderes em seus setores, atraindo clientes e parceiros.

2. **Resolução de Problemas:** A criatividade ajuda a encontrar soluções para desafios complexos.

3. **Sobrevivência:** Empresas que não se adaptam à evolução do mercado podem enfrentar dificuldades.

Como Cultivar Essas Habilidades?

- Estimule a Criatividade: Reserve um tempo para atividades criativas, como desenhar, escrever ou brainstorming.

- Aprenda com o Fracasso: Erros são oportunidades de aprendizado. Não tenha medo de tentar coisas novas, mesmo que algumas delas não funcionem.

- Esteja Aberto à Mudança: Mantenha-se atualizado com as tendências do mercado e esteja disposto a se adaptar.

- Inspire-se: Busque inspiração em livros, palestras, pessoas criativas e experiências.

Conclusão

Agora que você entende a importância da inovação, criatividade e adaptação, está pronto para enfrentar os desafios do mundo dos negócios. Lembre-se, a inovação não é apenas para os grandes visionários; está ao alcance de todos. Seja curioso, esteja disposto a mudar e nunca deixe de sonhar grande. Quem sabe qual ideia inovadora você trará para o mercado?

4 • Desafios do Empreendedor

Oque você acha de discutir os desafios comuns enfrentados por empreendedores e como superá-los. Aprender a lidar com o risco, a concorrência e as incertezas é essencial para o sucesso nos negócios.

- Navegando Pelas Águas Turbulentas do Empreendedorismo

Empreender é como embarcar em uma emocionante aventura, mas também vem com seus desafios. Aqui estão três dos desafios mais comuns e como superá-los:

1. Risco – Amigo ou Inimigo?

Desafio: O risco é uma parte intrínseca do empreendedorismo. Investir tempo e recursos em uma ideia que pode não funcionar pode ser assustador.

Superando o Desafio: O segredo está em gerenciar o risco, não eliminá-lo. Faça pesquisas sólidas, valide sua ideia, e esteja disposto a ajustar seu curso à medida que avança. Lembre-se de que até mesmo o fracasso pode ser uma lição valiosa.

2. Concorrência – O Mercado é uma Selva

Desafio: A concorrência está sempre à espreita, pronta para capturar a atenção dos clientes que você deseja.

Superando o Desafio: Em vez de temer a concorrência, estude-a. Descubra o que você pode fazer de diferente ou melhor. Seja ágil, inove e construa relacionamentos sólidos com seus clientes para mantê-los fiéis à sua marca.

3. Incertezas – O Amanhã é Incerto

Desafio: O mundo dos negócios é imprevisível. O que funciona hoje pode não funcionar amanhã devido a mudanças econômicas, tecnológicas ou sociais.

Superando o Desafio: Mantenha-se flexível e adaptável. Esteja preparado para pivotar (mudar de direção) quando necessário. Mantenha um olho nas tendências e seja rápido em se ajustar às mudanças do mercado.

Por Que Isso é Importante?

- Superar esses desafios é o que diferencia empreendedores de sucesso. Aqueles que perseveram e aprendem com seus erros têm maior probabilidade de alcançar seus objetivos.

Lembre-se:

O empreendedorismo não é para os fracos de coração, mas os desafios que você enfrenta podem levar a recompensas incríveis. Abraçar o risco, aprender com a concorrência e enfrentar a incerteza são os ingredientes para uma jornada empreendedora bem-sucedida. A aventura está apenas começando!

5 • Empreendedorismo e a Sociedade

Vamos explorar como o empreendedorismo pode fazer a diferença em sua comunidade e sociedade como um todo, com exemplos inspiradores.

Empreendedorismo: Mudando o Mundo, Um Negócio de Cada Vez

O empreendedorismo vai além de criar um negócio; também tem o poder de transformar comunidades e sociedades inteiras. Aqui está como:

1. Solucionando Problemas Locais

Grandes empreendedores muitas vezes começam com a identificação de problemas em suas comunidades. Eles não apenas apontam essas questões, mas também criam soluções inovadoras. Por exemplo, alguém preocupado com a poluição local pode iniciar um negócio de reciclagem, criando empregos e melhorando o meio ambiente.

2. Fomentando o Crescimento Econômico

Pequenos empreendimentos muitas vezes são a espinha dorsal da economia local. Eles criam empregos, estimulam o comércio e impulsionam o crescimento econômico. Imagine uma pequena loja de produtos orgânicos que apoia agricultores locais e fornece alimentos mais saudáveis para a comunidade.

3. Inspirando Outros a Fazer o Bem

Empreendedores sociais são líderes inspiradores. Eles não apenas resolvem problemas, mas também motivam outros a seguirem seus passos. Por exemplo, um projeto de educação para crianças carentes pode inspirar outras pessoas a se envolverem em iniciativas semelhantes.

4. Impacto Global

Algumas empresas começam pequenas, mas têm um impacto global. Pense em empresas de tecnologia que começaram em garagens e agora conectam o mundo. Elas não apenas criam empregos, mas também mudam a forma como vivemos e trabalhamos.

*Exemplos que Inspiraram o Mundo

- A TOMS, conhecida por doar um par de sapatos a uma criança necessitada a cada par comprado.

- A Grameen Bank, que promoveu microfinanças para combater a pobreza.

-O Airbnb, que transformou a maneira como viajamos e nos conectamos.

Por Que Isso é Importante?

O empreendedorismo é uma força poderosa para o bem. Ele não apenas gera riqueza, mas também cria oportunidades, resolve problemas e inspira a mudança. Qualquer um, em qualquer lugar, pode ser um empreendedor e fazer a diferença em sua comunidade e no mundo.

*Lembre-se:

Se você tem uma ideia que pode melhorar a vida das pessoas ou resolver um problema, o empreendedorismo pode ser a chave para transformar essa visão em realidade e deixar um impacto duradouro em sua comunidade e no mundo.

6• Passos para Iniciar seu Próprio Negócio

Como você pode transformar seu desejo de empreender em ação, desde a concepção da ideia até o lançamento do seu negócio.

De Desejo a Realidade: Se Tornando um Empreendedor

Entender o processo de se tornar um empreendedor pode parecer desafiador, mas aqui estão algumas orientações práticas para começar:

1. Identificando sua Paixão e Habilidades

Comece refletindo sobre suas paixões e habilidades. O que você ama fazer? No que você é bom? O empreendedorismo muitas vezes começa com algo que você é apaixonado por.

2. Gerando Ideias Criativas

A criatividade é fundamental. Pergunte a si mesmo: "Que problemas posso resolver?" ou "Como posso melhorar a vida das pessoas?". Ideias inovadoras frequentemente nascem da identificação de necessidades não atendidas.

3. Pesquisa de Mercado

Depois de ter uma ideia, pesquise o mercado. Quem são seus concorrentes? Existe demanda pelo que você está oferecendo? A pesquisa ajudará a refinar sua ideia.

4. Plano de Negócios Simples

Desenvolva um plano de negócios simples. Isso inclui sua estratégia, público-alvo, custos iniciais e projeções financeiras. Um plano sólido é uma base importante.

5. Construindo sua Rede

Construir relacionamentos é crucial. Conecte-se com outros empreendedores, mentores e possíveis parceiros de negócios. Eles podem oferecer orientação valiosa.

6. Ação Gradual

Não tenha pressa. Comece pequeno e cresça gradualmente. Isso reduz riscos e permite aprender com os desafios.

7. Lançamento e Aprendizado Contínuo

Finalmente, lance seu negócio e esteja aberto para aprendizado contínuo.
O empreendedorismo é uma jornada de descoberta e adaptação constante.

*Exemplo Inspirador:

Imagine alguém apaixonado por culinária que percebe que as pessoas em sua comunidade desejam refeições saudáveis e rápidas. Eles podem começar um pequeno negócio de entrega de marmitas saudáveis. Começam em casa, aprendem com as preferências dos clientes e, gradualmente, expandem para uma cozinha maior.

Por Que Isso é Empolgante?

O empreendedorismo oferece a oportunidade de trazer suas ideias à vida, fazer algo que você ama e criar impacto na comunidade. A jornada em si é empolgante, cheia de desafios e conquistas.

Reflita!

7 • Inovação Contínua

- Inovação: O Segredo para a Longevidade Empresarial

Imagine sua empresa como um carro. Você não pode esperar que ele funcione perfeitamente para sempre sem manutenção. Da mesma forma, uma empresa precisa evoluir constantemente para sobreviver e prosperar.

Por que a Inovação é Crucial?

1. *Adaptação às Mudanças do Mercado*: O mundo dos negócios está sempre mudando. Clientes têm novas necessidades, tecnologias emergem e concorrentes entram em cena. A inovação ajuda sua empresa a se adaptar.

2. *Competitividade*: Empresas inovadoras geralmente têm uma vantagem competitiva. Elas se destacam porque oferecem algo novo ou melhor.

3. *Crescimento Sustentável*: A inovação pode levar a novas oportunidades de mercado e crescimento sustentável. Você não fica preso em uma única abordagem.

*como cultivar a inovação

1. *Cultive uma Cultura de Inovação*: Encoraje seus
funcionários a compartilhar ideias e experimentar. Incentive
a criatividade.

2. *Acompanhe as Tendências*: Esteja atento às tendências do seu
setor e à evolução da tecnologia.

3. *Aprenda com os Clientes*: Ouça seus clientes. Eles frequentemente
têm insights valiosos sobre como melhorar seus
produtos ou serviços.

Exemplo Inspirador:

Pense na empresa Netflix. Inicialmente, eles eram um serviço de aluguel de DVDs
por correio. Mas, em vez de ficarem presos a esse modelo, eles inovaram, criando o
streaming de vídeo. Essa inovação os transformou em uma das maiores empresas de
entretenimento do mundo.

Por Que Isso é Empolgante?

A inovação não apenas mantém seu negócio vivo, mas também o impulsiona para o
futuro. Imagine criar algo completamente novo que mude a vida das pessoas. Isso
é emocionante e gratificante.

*Lembre-se:

Inovação não significa necessariamente reinventar a roda. Pode ser pequenas
melhorias ou ajustes significativos. A chave é não ficar parado e estar disposto
a abraçar mudanças.

Conclusão :

Ao longo deste capítulo, exploramos a emocionante jornada do empreendedorismo e como a inovação é a chave para o sucesso nos negócios. Agora, queremos que você se sinta verdadeiramente empolgado com as possibilidades que essa jornada oferece.

Você é o Arquiteto do Seu Sucesso

Lembre-se de que qualquer pessoa, incluindo você, pode ser um empreendedor. Não importa sua idade, experiência ou recursos financeiros. O que importa é a paixão, a criatividade e a vontade de aprender e crescer.

Grandes Ideias Podem Mudar o Mundo

Muitas das maiores empresas do mundo começaram com uma ideia simples, mas poderosa. A próxima grande ideia pode vir de você. Acredite na sua capacidade de inovar e impactar positivamente a vida das pessoas.

A Inovação é Sua Aliada

A inovação não é um luxo, é uma necessidade. É o que o manterá a frente no mercado em constante mudança. Cultive uma cultura de criatividade e adaptabilidade em seu empreendimento, e você estará preparado para enfrentar qualquer desafio.

Abrace a Mudança e a Incerteza

Lembre-se de que a jornada empreendedora pode ser desafiadora. Você encontrará obstáculos, competição e incerteza. No entanto, esses desafios são oportunidades disfarçadas. Eles testarão sua resiliência e o levarão a alcançar grandes feitos.

O Impacto Vai Além dos Lucros

Empreender não é apenas sobre ganhar dinheiro; é sobre fazer a diferença. Grandes empreendimentos têm o poder de melhorar comunidades, sociedades e até o mundo. Pense grande e ouse sonhar alto.

A Hora de Começar é Agora!

Se você sonha em empreender, não espere pelo "momento certo". Comece a conceber sua ideia, aprenda com os erros, busque inspiração em casos de sucesso e avance com confiança. O futuro está nas mãos daqueles que ousam criar, inovar e realizar.

Capítulo 5

: Lidando com Dívidas com Sabedoria

Lidar com dívidas sabiamente não se trata apenas de equilibrar números em um orçamento; é um exercício de autodomínio e determinação. Significa tomar decisões conscientes sobre como gastamos e economizamos, para que possamos construir um futuro financeiro mais sólido.p logo

Neste capítulo, abordaremos um tópico fundamental para sua jornada rumo à prosperidade: como lidar com dívidas com sabedoria. Vamos explorar maneiras de gerenciar dívidas de forma eficaz para que elas não se tornem um obstáculo em sua busca pela riqueza.

1. Compreenda os Tipos de Dívidas

Nem todas as dívidas são iguais. Algumas, como empréstimos estudantis ou um financiamento de casa, podem ser investimentos em seu futuro. Outras, como dívidas de cartão de crédito com altas taxas de juros, podem se tornar um fardo. É importante compreender os diferentes tipos de dívidas que você possui.

2. Priorize o Pagamento de Dívidas de Alta Taxa de Juros

Dívidas com altas taxas de juros podem acumular rapidamente. Priorize o pagamento dessas dívidas primeiro, para evitar que elas cresçam ainda mais. Isso liberará recursos financeiros para outros objetivos, como investir e economizar.

3. Desenvolva um Plano de Pagamento de Dívidas

Criar um plano de pagamento de dívidas é fundamental. Liste todas as suas dívidas, seus saldos e taxas de juros. Em seguida, determine quanto você pode pagar mensalmente para quitar essas dívidas. Seguir um plano torna o processo mais gerenciável e ajuda a manter o foco.

4. Evite Acumular Mais Dívidas

Enquanto trabalha para pagar suas dívidas existentes, evite acumular mais dívidas. Limite seus gastos com cartões de crédito e avalie suas compras para garantir que sejam necessárias e cabíveis em seu orçamento.

5. Negocie com Credores, se Necessário

Se você estiver enfrentando dificuldades financeiras, não hesite em entrar em contato com seus credores. Muitas vezes, eles estão dispostos a negociar termos de pagamento ou taxas de juros mais baixas para ajudar você a quitar suas dívidas.

6. Aprenda com Experiências Passadas

A experiência de lidar com dívidas pode ser uma lição valiosa. Aprenda com suas experiências passadas e use-as para tomar decisões financeiras mais informadas no futuro.

Lidar com dívidas com sabedoria é um passo importante para conquistar sua prosperidade financeira. Nos próximos capítulos, exploraremos como desenvolver uma mentalidade de abundância e como compartilhar sua riqueza com o mundo. Continue sua jornada em busca da riqueza!

Capítulo 6

: Mentalidade de Abundância

Ao cultivar uma mentalidade de abundância,
você abre as portas para um mundo de
oportunidades. Não se trata apenas de
dinheiro, mas de uma visão mais ampla da
riqueza em todas as suas formas:
relacionamentos, saúde, conhecimento e,
claro, recursos financeiros.

Neste capítulo, mergulharemos na poderosa mentalidade de abundância. É como abrir uma janela para um mundo de possibilidades financeiras. Vamos explorar esse conceito de maneira leve e fácil de entender, com exemplos que ilustram como uma mentalidade de abundância pode transformar sua vida financeira.

1. A Mentalidade de Escassez vs. Mentalidade de Abundância

Primeiro, é importante entender a diferença entre a mentalidade de escassez e a mentalidade de abundância. A mentalidade de escassez se concentra no que falta, no medo da perda e na preocupação constante com as finanças. Por outro lado, a mentalidade de abundância se concentra na ideia de que há oportunidades e recursos infinitos disponíveis.

A chave para adotar uma mentalidade de abundância é entender que o mundo é vasto, cheio de oportunidades e recursos. Ao invés de se concentrar no que você pode
perder, você se concentra no que pode ganhar e compartilhar. Isso não apenas beneficia suas finanças, mas também suas relações interpessoais, sua capacidade de inovar e sua qualidade de vida.Então, lembre-se de que a mentalidade que você
escolhe pode ter um impacto significativo em suas finanças e em sua jornada para o sucesso. Cultivar uma mentalidade de abundância abre portas e cria um ambiente mais positivo para você e aqueles ao seu redor.

2. O Exemplo de Henry Ford

Henry Ford, o fundador da Ford Motor Company, é um exemplo brilhante de uma mentalidade de abundância. Ele acreditava que todos mereciam um carro e, ao criar a linha de montagem, tornou os automóveis acessíveis a um público muito mais amplo. Ford viu oportunidades onde outros viam limitações e escassez, demonstrando como uma mentalidade de abundância pode impulsionar a inovação.

3. A Gratidão como Ferramenta de Abundância

A gratidão é uma ferramenta poderosa para cultivar uma mentalidade de abundância. Vou explicar mais sobre como isso funciona:

1. **Foco no Positivo**: *Quando você pratica a gratidão, concentra sua atenção nas coisas positivas em sua vida. Isso inclui reconhecer as bênçãos, conquistas, relacionamentos e recursos que você já possui. Ao fazer isso, você começa a perceber quanta riqueza já está presente.*

2. **Aumenta a Positividade**: *A prática da gratidão gera emoções positivas, como alegria e satisfação. Essas emoções têm um efeito cascata em sua mentalidade, tornando-a mais voltada para oportunidades e soluções, em vez de preocupações e problemas.*

3. **Abre os Olhos para Oportunidades**: *Quando você está em um estado mental positivo de gratidão, é mais propenso a reconhecer oportunidades que de outra forma poderiam passar despercebidas. Você está aberto para experimentar coisas novas e tomar iniciativas que podem levar a maior abundância em sua vida.*

4. **Reduz o Materialismo**: *A gratidão ajuda a reduzir o desejo por bens materiais como símbolo de sucesso. Isso significa que você pode se concentrar em objetivos e valores que não estão apenas ligados ao dinheiro, levando a uma sensação mais profunda de realização.*

5. **Melhora as Relações**: *Agradecer e mostrar apreço pelos outros fortalece os relacionamentos. Relações saudáveis podem criar um ambiente de apoio e colaboração, que muitas vezes é fundamental para o sucesso financeiro e pessoal.*

6. **Reduz o Estresse Financeiro**: *A gratidão também pode reduzir o estresse relacionado às finanças. Em vez de se preocupar constantemente com o que falta, você se concentra no que já tem, o que pode reduzir a ansiedade em relação ao dinheiro.*

Como Praticar a Gratidão:

- Mantenha um diário de gratidão: Diariamente, anote três coisas pelas quais você é grato.
- Agradeça pelas pequenas coisas: Não se limite apenas a grandes realizações; valorize também as pequenas coisas da vida.
- Expresse gratidão aos outros: Diga "obrigado" às pessoas que fazem parte de sua vida.

- Pratique a meditação da gratidão: Reserve um tempo para refletir sobre suas bênçãos e expressar gratidão interiormente.

Cultivar a gratidão não apenas torna sua mentalidade mais voltada para a abundância,
mas também enriquece sua vida de maneiras que o dinheiro não pode comprar.
É uma ferramenta simples, mas profundamente eficaz, para alcançar maior contentamento e
sucesso em todas as áreas da vida.

4. Compartilhe para Multiplicar

"Compartilhe para Multiplicar" é um princípio que enfatiza a importância de compartilhar conhecimento, recursos e oportunidades com os outros como uma maneira de criar mais abundância em sua própria vida e na vida dos outros. Vou explicar mais sobre esse conceito:

1. **Conceito Básico**: *A ideia central é que, quando você compartilha o que sabe, o que tem e as oportunidades que encontra, isso não apenas beneficia os outros, mas também cria um ciclo positivo que pode retornar a você de várias maneiras.*

2. **Conhecimento**: *Compartilhar conhecimento é uma forma poderosa de multiplicá-lo. Ao ensinar aos outros, você aprofunda sua compreensão e também ajuda a capacitar outras pessoas, criando mais pessoas habilidosas e informadas no mundo.*

3. **Recursos Financeiros**: *Compartilhar recursos financeiros, seja por meio de doações para causas importantes, investimentos em projetos promissores ou apoio a empreendedores, pode criar oportunidades de crescimento econômico. Às vezes, esses investimentos retornam de maneira significativa.*

4. **Networking e Relacionamentos**: *Ao conectar pessoas e criar redes de apoio, você ajuda a criar oportunidades para todos. A rede expandida pode fornecer insights, empregos, parcerias comerciais e muito mais.*

5. **Karma Positivo**: *Algumas culturas acreditam em karma, a ideia de que boas ações retornam a você de maneira positiva. Ao compartilhar generosamente, você pode estar plantando sementes para colher benefícios no futuro.*

6. **Sentimento de Realização**: *Compartilhar para multiplicar também é sobre se sentir bem consigo mesmo. Ajudar os outros e contribuir para o bem comum pode criar um profundo senso de realização e propósito.*

7. **Aumento da Inovação**: *Compartilhar ideias e colaborar com outras pessoas muitas vezes leva a soluções mais inovadoras. A diversidade de pensamento que resulta da colaboração pode levar a novas maneiras de resolver problemas.*

8. **Crescimento Sustentável**: *Quando o foco é no crescimento sustentável e não apenas no lucro imediato, isso muitas vezes leva a um sucesso mais duradouro e ético.*

Em resumo, "Compartilhe para Multiplicar" é sobre reconhecer que a abundância não é um recurso fixo e limitado, mas algo que pode crescer quando compartilhado. Ao adotar essa mentalidade e praticar o compartilhamento generoso, você pode criar oportunidades para si mesmo e para os outros, contribuindo para um mundo mais rico e equitativo. É uma abordagem que combina prosperidade pessoal com um impacto positivo na comunidade e no mundo.

5. A Riqueza Não se Limita ao Dinheiro

"A Riqueza Não se Limita ao Dinheiro" é uma ideia poderosa que nos lembra de que a verdadeira riqueza vai além de cifrões em uma conta bancária. Embora o dinheiro seja importante para muitas coisas na vida, como conforto e segurança, a riqueza abrange muito mais do que isso.

Riqueza pode ser encontrada em relacionamentos fortes e amorosos com amigos e familiares. É sentir-se saudável e enérgico, o que não tem preço. É a capacidade de fazer o que você ama e encontrar propósito e realização no seu trabalho. A riqueza também pode ser medida pela sua paz de espírito, gratidão e contentamento com a vida.

Portanto, quando dizemos que "A Riqueza Não se Limita ao Dinheiro", estamos lembrando que a busca pela verdadeira riqueza deve abranger todas as áreas da nossa vida. É sobre equilibrar as finanças com bem-estar emocional, saúde, relacionamentos e felicidade geral. Quando você valoriza essas outras formas de riqueza, encontra uma vida verdadeiramente abundante e significativa.

6. Cultive sua Mentalidade de Abundância

Cultivar uma Mentalidade de Abundância é como plantar sementes de prosperidade em sua mente e colher uma vida repleta de oportunidades e realizações. Vamos explorar isso de uma forma inspiradora:

Imagine sua mente como um jardim. Se você planta sementes de dúvida, medo e escassez, colherá uma colheita de ansiedade e limitação. No entanto, se você semeia pensamentos de gratidão, possibilidade e abundância, verá florescer uma paisagem rica em realizações.

A Mentalidade de Abundância começa com a crença de que o universo é generoso e oferece oportunidades infinitas. É como se você estivesse em um grande buffet da vida, com uma variedade de pratos deliciosos à sua disposição. Você não precisa temer a escassez porque sabe que sempre há mais para experimentar.

Ao adotar essa mentalidade, você se torna um ímã para o sucesso. Você atrai pessoas, oportunidades e recursos que o ajudam a crescer e prosperar. Você abraça desafios como aprendizado e vê fracassos como degraus para o sucesso.

Lembre-se de que cultivar uma Mentalidade de Abundância não significa ignorar a realidade, mas sim enfrentá-la com otimismo e confiança. É a chave para desbloquear seu potencial ilimitado e alcançar o que você deseja na vida.

Então, enquanto você lê sobre "Cultivar sua Mentalidade de Abundância" em seu livro, permita-se ser inspirado pela ideia de que, ao fazer isso, você está pavimentando o caminho para uma vida cheia de possibilidades e riqueza em todas as áreas. É uma
jornada empolgante que começa dentro de sua própria mente.

Continue sua jornada em busca da prosperidade e da riqueza, mantendo essa mentalidade de abundância em mente. Nos próximos capítulos, exploraremos como compartilhar sua riqueza com o mundo.

Capítulo 7

: Compartilhando a Riqueza com o Mundo

Lidar com as finanças é apenas uma parte da
equação. Prosperidade real não é apenas sobre
acumular ativos, mas também sobre fazer a diferença
na vida de outras pessoas e na comunidade em que
vivemos. Quando compartilhamos nossa riqueza, não
a diminuímos,
mas a multiplicamos de maneiras que vão além dos
números em uma conta bancária.

Neste capítulo, vamos explorar o último passo na jornada rumo à prosperidade: compartilhar a riqueza com o mundo. Você descobrirá como aqueles que alcançaram o sucesso financeiro também encontraram significado em fazer a diferença na vida dos outros. Vamos tornar isso fácil de entender e inspirador

1. A Riqueza Além do Acúmulo

A prosperidade não se resume apenas a acumular dinheiro. Ela também envolve a capacidade de fazer a diferença na vida de outras pessoas e no mundo em geral. Aqueles que alcançaram grandes fortunas frequentemente encontram um propósito maior em compartilhar sua riqueza.

2. O Exemplo de Bill Gates e Warren Buffett

Bill Gates e Warren Buffett são dois dos maiores filantropos da história. Ambos dedicaram uma parte significativa de suas fortunas a causas beneficentes. Eles acreditam que têm a responsabilidade de usar sua riqueza para resolver problemas globais, como a erradicação de doenças e a melhoria da educação.

3. Como Você Pode Contribuir

Você não precisa ser um bilionário para fazer a diferença. Pequenas ações também contam. Contribuir para organizações beneficentes, voluntar ar-se ou apoiar causas que lhe interessam são maneiras significativas de compartilhar sua riqueza, mesmo que seja em uma escala menor.

4. O Ciclo de Abundância

Quando você compartilha sua riqueza com o mundo, cria um ciclo de abundância. Suas ações inspiram outros a fazer o mesmo, criando um impacto positivo que se espalha pela sociedade. É uma maneira de criar um mundo melhor para todos.

5. Encontrando Significado

Compartilhar sua riqueza não apenas ajuda os outros, mas também pode dar um significado mais profundo à sua própria vida. Muitas pessoas relatam que encontrar um propósito em fazer o bem é uma das experiências mais gratificantes que podem ter.

6. Seja Intencional em Suas Ações

Ao compartilhar sua riqueza, seja intencional em suas ações. Escolha causas que ressoem com você e que você esteja disposto a apoiar a longo prazo. Seja transparente sobre suas doações e esteja disposto a aprender e evoluir em sua abordagem filantrópica.

Compartilhar a riqueza com o mundo é uma maneira poderosa de prosperar e encontrar um significado profundo na vida.

Imagine que você tem uma linda árvore de maçãs no seu quintal. Ela produz maçãs abundantes e suculentas todos os anos. Agora, você tem duas opções: você pode colher todas as maçãs para si mesmo, enchendo sua despensa e desfrutando delas sozinho, ou pode compartilhar as maçãs com sua comunidade, amigos e vizinhos.

Quando você escolhe compartilhar, algo mágico acontece. As pessoas ao seu redor apreciam sua generosidade e, por sua vez, compartilham suas próprias dádivas. Você cria um ciclo de abundância em que todos se beneficiam.

No contexto financeiro, compartilhar a riqueza não significa necessariamente dar dinheiro a todos que você encontra. Em vez disso, pode ser a doação de seu tempo, conhecimento ou recursos para causas que você valoriza. Pode ser investir em projetos que têm um impacto positivo na comunidade ou apoiar organizações sem fins lucrativos.

Ao compartilhar, você não apenas ajuda os outros, mas também constrói relacionamentos valiosos e uma rede de apoio. As oportunidades muitas vezes vêm por meio dessas conexões, ajudando-o a crescer pessoal e financeiramente.

Pense em filantropos como Bill e Melinda Gates, que compartilham sua riqueza para combater doenças e promover a educação em todo o mundo. Eles não apenas fazem a diferença na vida das pessoas, mas também encontram um profundo propósito e satisfação em suas ações.

Portanto, enquanto você lê sobre "Compartilhar a Riqueza com o Mundo" em seu livro, deixe-se empolgar com a ideia de que, ao fazer isso, você não apenas prospera, mas também deixa um legado duradouro e impactante. É uma jornada que enriquece não apenas sua vida, mas a de muitos outros.

Compartilhar a riqueza com o mundo é o capítulo final de nossa jornada rumo à prosperidade. Lembre-se de que a prosperidade não se trata apenas de acumular riqueza pessoal, mas também de fazer o bem e criar um impacto positivo. Continue sua jornada com o coração aberto e a mente voltada para o compartilhamento. Você está no caminho certo para uma vida de significado e prosperidade.

Conclusão A Jornada Rumo à Prosperidade

Nossa jornada rumo à prosperidade chegou ao fim, e você percorreu um caminho incrível em direção à riqueza financeira e ao significado na vida. Aqui está o que você aprendeu de forma leve e simples:

Mentalidade é a Base:

- A mentalidade de abundância é a base sólida sobre a qual construímos nossa jornada rumo à prosperidade.
- Acreditar em nossas capacidades e manter uma atitude positiva é crucial para alcançar o sucesso financeiro.

Planejamento é Essencial:

- Planejar cuidadosamente nossas finanças é como traçar um mapa para o tesouro.

- Metas financeiras claras e um roteiro bem definido nos orientam na busca da prosperidade.

Investir Inteligentemente:

- O conhecimento sobre investimentos é uma ferramenta poderosa.

- Aprender a multiplicar nosso dinheiro de forma estratégica é um passo importante rumo à independência financeira.

Empreenda e Inove:

- Empreender e inovar nos permitem criar oportunidades únicas para o sucesso financeiro.
- Grandes empreendedores frequentemente começam com uma visão simples e a determinação de realizá-la.

Lidando com Dívidas:

- Controlar nossos gastos e gerenciar dívidas com responsabilidade é uma habilidade essencial.
- Lidar sabiamente com as dívidas nos liberta do fardo financeiro que pode nos impedir de prosperar.

Mentalidade de Abundância:

- A mentalidade de abundância nos ensina a valorizar o que temos e a atrair mais com gratidão.
- É uma filosofia que molda nossa visão de mundo e nos ajuda a criar uma vida mais rica em todos os sentidos.

Compartilhe sua Riqueza:

- Compartilhar nossa riqueza é o legado que deixamos para o mundo.
- Ao fazer isso, continuamos a prosperar, não apenas em riqueza material, mas em significado e conexão com os outros.

Lembre-se, a prosperidade não é apenas sobre dinheiro, mas também sobre encontrar
um propósito maior e impactar positivamente a vida dos outros. Continue sua jornada
com sabedoria, compaixão e a crença de que você pode alcançar seus objetivos
financeiros e fazer a diferença no mundo. Sua jornada está apenas começando, e o

futuro está cheio de oportunidades emocionantes. Vá em frente e conquiste a prosperidade que você merece!

Epílogo: O Começo
de Uma Jornada
Sem Fim

Nossa jornada
rumo à
prosperidade
chegou ao fim,
mas, na verdade,

estamos apenas no início de uma jornada sem fim. Este livro, "Caminho para a Prosperidade: Desvendando os Segredos da Riqueza", foi apenas o ponto de partida para explorar o vasto mundo das finanças pessoais e da busca pela prosperidade.

Lembre-se, a riqueza vai muito além do dinheiro em sua conta bancária. Ela envolve a riqueza de experiências, relacionamentos significativos e a sensação de que sua vida tem um propósito.

À medida que você continua sua jornada, mantenha em mente os princípios simples que exploramos juntos:

- Cultive uma mentalidade de abundância, onde você vê oportunidades, não limitações.

- Planeje sua jornada financeira com cuidado, priorizando objetivos e gerenciando dívidas.

- Faça seu dinheiro trabalhar para você através de investimentos inteligentes.

- Seja corajoso e inovador, como os grandes empreendedores que inspiraram nosso caminho.

- Compartilhe sua riqueza com o mundo, criando um ciclo de abundância.

Lembre-se de que a jornada para a prosperidade é pessoal e única para cada um de nós. Não existe um destino final, mas sim uma série de metas e sonhos que você pode alcançar ao longo do tempo.

À medida que você fecha este livro, saiba que você tem em mãos as ferramentas e o conhecimento para trilhar seu próprio caminho em direção aos seus objetivos financeiros e à riqueza em todas as áreas da vida.

A jornada é sua, e o futuro está repleto de possibilidades emocionantes. Continue explorando, aprendendo e crescendo. Você é capaz de alcançar a prosperidade que tanto deseja. Sua jornada está apenas começando, e o

melhor ainda
está pcr vir!

Fim...